Préface

L'écriture entremêlée est un recueil de textes balayant toutes sortes de contraintes littéraires et surréalistes. Durant l'écriture nous nous sommes aperçus que chacun d'entre nous avait un style d'écriture particulier et un registre différent. Malgré les consignes communes données par notre professeur nous nous sommes aperçu que chaque texte était unique et propre à notre personnalité.

En effet, certains textes font davantage référence à l'amour d'autres font référence à la vie. Vous verrez au cours de votre lecture que ce livre vous emmène à chaque fois sur un autre univers. Nous avons beaucoup travaillé sur ce projet, en effet durant l'écriture de certains textes nous avons pris du recul afin d'écrire de manière sage et toujours poétique. Les rimes, les jeux de mots ainsi que les métaphores sont omniprésentes dans ce recueil.

Oulidenis

Poème surréaliste

Qu'est-ce que l'aube ? C'est le soleil qui se réveille dans tes yeux.

Pourquoi es-tu si beau dans mes souvenirs ? Sûrement car je t'ai marqué à jamais.

Quand puis-je te croiser ? Chaque nuit dans tes rêves.

Comment serais-je face à cette à cet être impressionnant ? Laisse-toi guider par le parfum que tu dégages et tu découvriras les traits de mon visage.

Qu'est-ce que prendre du bon temps ? C'est ce à quoi je pense avant de dormir.

Pourquoi est-ce déplaisant de travailler ? Parce que je le lis dans tes yeux.

Comment le jour apparaît-il ? Quand il fait sombre la nuit.

Comment allons-nous dans un autre endroit ? En y allant en courant.

Qu'est ce que la brume de glace ? C'est sentir le feu du soleil.

Pourquoi le soleil se couche ? Parce que la vie est obsolète.

Quand la nuit se lève dans la plage ? Au milieu de la nuit.

Comment aller dans l'espace ? En rampant sur la lune.

La rencontre

Quand le soleil se lève je ne serai plus la même
Près de l'étang là où nos yeux se sont rencontrés
À contrecœur dans les chemins dévastés
Pour m'éloigner de ton âme
Ma silhouette près de ton cœur
Je marche vers toi je ne vois plus que ton corps
Seul je pleure notre amour
Notre rencontre dans la pénombre similaire aux ténèbres
Je ne veux ni richesse ni de ton amour
Seulement t'apercevoir sur les vastes plaines
Comme chaque saison tu seras métamorphosée
Ainsi un bouquet de roses fanées que je déposerai sur ta nouvelle demeure

Ecriture définitionnelle

<u>Vivre d'amour et d'eau fraiche</u>

Etre en vie grâce à un sentiment passionné pour une autre personne et une substance liquide et transparente sans couleur, sans odeur, sans goût et un peu froide.
Profiter du fait d'exister grâce à une impression ardente pour un individu et son essence qui coule. Laissant voir nettement les objets faisant abstraction des impressions que produisent sur l'œil les différentes radiations lumineuses, des sensations olfactives émanant d'un corps, des saveurs et faiblement privée de chaleur.

<u>La nuit porte conseil</u>

La période qui débute à la fin de la journée qui apporte des recommandations sur ce qu'il convient de faire. Espace de temps entre le coucher et la fin de soleil qui fournit des indications sur une manière d'agir.

<u>Qui sème le vent récolte la tempête</u>

Qui émail un mouvement de souffle cueille la frénésie du temps.

Qui répand une oscillations de courant léger accueille la colère d'un mouvement interrompu par lequel le présent devient le passé.

Maïssa

Souvenirs d'enfance

Dans mon petit marché, un dimanche matin, à Saint-Denis je vis passer un marchand d'épices.
Une figure imposante et solennelle qui m'expédia si vite dans mes lointains souvenirs. Me revoilà encore une fois près du paradis. Le soleil brûlant aux couleurs safran me tapait sur la tête.

Et voilà qu'aujourd'hui je retrouve en ces souvenirs les heureux moments de mon enfance.

Ce frais et doux parfum de ces jours me hante. Ce lieu où jadis m'a bercé l'espérance, me tente. Je m'envole comme mes souvenirs d'enfance et je meurs telle une feuille d'automne. Demain dès l'aube je m'en irai pleurer ta disparition sur ta tombe.
Les odeurs dégagées par létale des épices me guident sur le chemin de la nostalgie.
Quand j'y retourne rien ne va.
Tu as disparu et laisser ce lieu vide de sens. Quand j'y repense; des frissons se glisser sur ma peau et mes yeux se noyèrent d'eau.
Rien ne change, il ne manque que les bras qui me bercèrent dans mon enfance.
Et voilà que je m'endors et ils sont morts.
La mort t'a emmené a pris tout ce que j'avais.
Elle a retiré tout ce que j'aimais.
Ton sourire, ta beauté, ta prestance,
mourais d'année en année comme une fleur fanée.

L'inventaire des choses

<u>Choses qui ont un aspect sale</u>

Derrière ce sentier, l'odeur d'une charogne infâme me piqua le nez, la puanteur était si forte que je crue m'évanouir.
Une foule d'insectes se baladèrent sur mon corps.
Chaque matin lorsque je prends le tram.

Choses qui m'énervent à table

Le bruit d'une fourchette grinçante sur une assiette m'horrifie.
Les personnes mangeant la bouche ouverte m'agacent.

Choses qui m'inquiètent

Mon échec scolaire est permanent depuis quelques semaines.
Les efforts que je fournis n'aboutissant parfois à rien.
Quand je réalise que le DUT n'est pas facile.

Ma première fois

Hier je franchis le pas, aujourd'hui je compris enfin que j'allais passer le cap à travers cette première fois. J'étais devenu une personne adulte et responsable et je devais enfin essayer ce que j'ai appris. J'eus tellement peur de mal faire, mais lorsque je m'approchai de son visage et que mes mains touchèrent sa peau, je sentais qu'elle me faisait confiance. Je m'étais dit que tout doit se faire naturellement. Finalement il y a eu plus de peur que de mal. Tout s'est très bien passé et elle est même ravie. Elle m'a même dit que j'étais la première à la satisfaire autant.
Soudainement je repense au moment où j'étais jeune fille et dire que maintenant c'est fait ! Je suis tellement heureuse d'avoir traversé cette épreuve de la vie. Je

suis enfin convaincu d'être une véritable esthéticienne, ce métier est vraiment fait pour moi.

Moi

Bonjour, je me prénomme Maissa, je suis née le 09/08/1998, depuis quelques mois je suis considérée comme une personne en mesure de prendre des décisions seules. En ce moment, je suis domicilié près de Saint Denis. En ce qui concerne mon physique je suis mi- brune mi-blonde, je bénéficie des grand yeux noisette de mon père et aussi de son intelligence. Je mesure 1 mètre 58, on me dit souvent que je suis petite, disons que tout ce qui est petit est mignon. Je dédie tout mon temps pour mes études, ce qui me semble logique. En effet je suis une élève de l'iut de Saint-Denis dans le but de remporter mon diplôme. Je porte un énorme intérêt au monde économique et politique dont je suis tout singulièrement intéressée, en ce qui concerne le luxe, je désire donc m'orienter vers cet univers.

Souvenir gravé

Avant de passer l'arme à gauche
Avant que la faux ne me fauche
Tel jour telle heure en telle année
Sans fric sans papier sans notaire

Je veux que tu te souviens
de mon sourire
Des larmes que je verse
quand tu m'attriste
Mon coeur fusillé dans un
champ de tir
Et toi au loin tu es triste

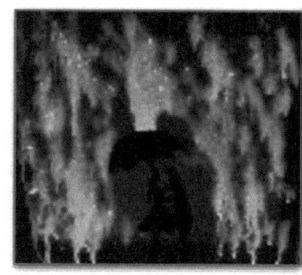

Souviens toi de nos heureux
moments
Qui ont pris fin il y a peu de temps
Souviens toi de mon prénom
Je veux qu'il soit gravé en toi à jamais

N'oublie pas ma voix qui raisonne
Et à chaque dispute tu espères que je
sonne
Cette fois c'est la bonne
Tu n'auras plus de nouvelles même au
téléphone

Contente toi de ma voix que tu entendrais au microphone

Siham

Souvenir au milles saveurs

C'était quand j'étais petite dans le restaurant de ma grand-mère, je n'y allais pas très souvent mais les peu de fois où j'ai mis rendis me permettait de perdre la vue.
En effet, les couleurs du restaurant étaient si vives qu'elles se mélangeaient toutes, on pouvait croire qu'elles bougeaient et qu'elles voulaient nous hypnotiser.

Aussi, dans les cuisines on pouvait entendre une très forte pluie, cette pluie était le bruit de l'huile qui crépite sur les poêles. J'appréciais tout particulièrement d'être dans la cuisine car je pouvais inspirer de longs moments l'odeur des plats qui me rassasiaient d'une traite le ventre. Sentir ses odeurs était comme si je mangeais en même temps.
Mais lorsque ma grand-mère m'apportait un de ses plats sur une des tables du restaurant, c'était tout autre chose, chaque bouchée avalée me faisait monter vers le ciel.

Le goût était doux comme un nuage. Parfois, pour voir si ce que je ressentais était bien réel, je touchais ma chaise où la table, mais tout était transformé en un lit et son oreiller.

Dix ans plus tard ...

Dix ans après, me revoilà dans cet endroit. Le restaurant n'est plus semblable qu'auparavant. Les couleurs vives des murs du restaurant sont devenues des feuilles d'arbres de couleur pâle qui tombent en automne.
Ces couleurs qui, étant enfant, m'hypnotisaient par leur vivacité, aujourd'hui me fatiguent les yeux au point de rentrer dans un sommeil profond.

Dans les cuisines, le bruit de la pluie, celle des poêles, est devenu un bruit sourd, ce n'est plus cette pluie douce que j'entends, mais un torrent qui se déchaîne sur les poêles.
Les odeurs, ces odeurs qui auparavant, me rassasiaient, aujourd'hui, je ressens toujours le même effet, mais sentir ces bonnes odeurs m'envole dans une autre

contrée qui m'était inconnue avant, m'enlevant de mes pensées.

Aussi, lorsque je goûte un des plats du restaurant, mon corps se retrouve paralysé, je ne peux plus bouger mes jambes et l'atmosphère qui se trouve autour de moi se métamorphose, les visages et les corps des personnes autour de moi prennent des formes circulaires. Tout ce que je touche se transforme en guimauve ou diverses succulentes pâtisseries.
Je me rends compte que dix ans plus tard, le fait de goûter les plats de ce restaurant me permet quoi qu'il arrive, de prendre le large dans un autre univers.

L'ultime angoisse

J'avais perdu ce pari que j'avais fait avec mon adversaire lors d'un jeu. Si j'avais gagné, j'aurais gagné la liberté. Comme j'ai perdu, c'est la mort qui m'attend. J'étais désespéré, j'aurais tant voulu remporter ce maudit pari. Maintenant, tout est fini, je me retrouve anéanti par le fardeau qui m'est destiné.
C'est aujourd'hui que je dois mourir, c'est aujourd'hui ma fin. Tous mes plus proches amis sont là pour me voir une dernière fois.

Au loin, je voyais mon adversaire, c'est pourquoi je suis là à cet instant précis. Je voyais son grand sourire triomphal qui me laissait un goût amer. C'était lui qui donnerait le signal pour que l'on mette fin à mon existence.

Je devais me rendre à lui, je l'apercevais au loin et je devais prendre mon courage à deux mains, un dernier courage et après ça tout serait fini. Je repensais à moi, mon existence, je regrettais à ce moment précis d'avoir osé faire un tel pari. Mais c'était trop tard. Plus j'avançais vers lui, plus je sentais mes pas s'alourdir, mon corps s'affaiblir. Je ne pensais plus à rien, j'attendais la mort, je m'approchais peu à peu d'elle.

Arrivé devant mon adversaire du satané pari, je n'ai plus aucun espoir, mon esprit est figé, mon corps paralysé. Je maudis cette personne en ce jour, à cet instant, plus que les autres jours passés.
Il s'apprête à donner le signal de ma mise à mort. Quand je vis son mouvement donnant l'ordre d'exécution, je perdis toute confiance. Son signal à donné le départ du saut en parachute et me voilà maintenant monté au ciel.

Moi et seulement moi

Je me présente, je suis, je suis née en mille neuf-cent quatre-vingt-dix-huit, le vingt-neuf du premier mois. En ce qui concerne mon physique, je possède des yeux et des cheveux bruns et un teint également de couleur brun, bronzé.

Je suis en ce moment en DUT techniques de commerce en IUT. Ensuite de ce cursus, je désire rentrer en école de commerce.
Pour ce qui est plus précisément de moi, mon humeur, je suis une personne joyeuse, dévouée et généreuse pour mes proches. Ce sont eux, de plus, qui pense que mon imperfection est d'être des fois peu motivée en ce qui concerne mes objectifs.

Mes loisirs sont simples et peu conséquents. Toutefois, bouger loin de chez moi, que ce soit en présence de mes proches pour découvrir des horizons inconnus, est quelque chose que je chéris fortement.

L'inventaire des choses

Choses qui font battre le cœur

Se coucher le soir dans un grand lit douillet. À percevoir une personne qu'on aime. Retombé en enfance en s'amusant avec de petits enfants. Se pencher à la fenêtre et contempler un grandiose coucher de soleil. Déguster des plats succulents qui nous tiennent à cœur. Recevoir un présent de la part d'un proche. Partir en voyage dans un lieu paradisiaque.

Choses désolantes

Quand les vacances sont terminées et qu'il faut reprendre le travail. Voir quelqu'un pleurer. Les enfants qui mendient dehors dans le froid. Passer devant un cimetière est à percevoir un enterrement. Quitter ses proches pour travailler loin d'eux, dans un autre pays. Voir un chat miaulant abandonné. Regarder un film avec une histoire très triste.

Chose qui me mettent en colère

Se réveiller en retard est raté son train. À l'inverse, venir à l'heure pour le train et apprendre qu'il est annulé. Venir à un lieu de rendez-vous et attendre très longtemps. Être en transport en commun bondé de personnes. Oublier de faire quelque chose d'important. Sortir sous une pluie battante sans parapluie.
Le réveil qui sonne trop fort le matin.

Choses qui ont un aspect sale

Un tas d'ordures bloquant le passage sur un trottoir. Le soir sur un chemin, voir des rats passer rapidement. Devoir tenir la barre dans les transports en commun pour ne pas tomber. Marcher avec ses chaussettes sur une flaque d'eau. Des enfants pleins de boue.
Voir un cheveu dans une assiette où il y a de la nourriture.

<u>Je te laisse tous nos souvenirs</u>

Avant de passer l'arme à gauche
Avant que la faux ne me fauche
Tel jour tel heures en telle année
Sans fric sans papiers sans notaire
Je te laisse ici l'inventaire
De ce que j'ai mis de côté

Souviens-toi de nos moments partagés
Ensemble, assez souvent enlacés
Souviens-toi de mon odeur
Imprégnée sur ton écharpe en douceur

Tel jour tel endroit tel moment

N'oublie pas mes yeux s'embrasant en te voyant
Mes angoisses, mes craintes que tu as su contrôler
Grâce à toi, tu as su tout faire envoler

Rappelle-toi de ma gentillesse, de mes mauvais côtés
Tous ses côtés que tu as su traverser
Souviens-toi du premier regard
Quand tu m'as mis dans ce monde plein de hasards

Rappelle-toi de ce je t'aime
Ensemble, les fleurs que l'on sème
Perdu, à tout moment sans toi c'est la fin
Souviens-toi que tu as su me remettre sur le chemin

Ramzi

Aventure périlleuse

Après avoir fêté mon 10 ème anniversaire en compagnie de mes proches, nous avions entamé les vacances scolaires si chères aux yeux d'innombrables écoliers. L'avion atterrit, nous étions enfin en Tunisie. Quelques jours plus tard, mon frère m'emmenait dans un lieu jusqu'alors inconnu, nous marchions des heures et des heures sur cette terre sauvage mon petit corps était relativement éprouvé devant les hautes herbes et ce paysage gigantesque rappelant l'air préhistorique. Le soleil au zénith était aveuglant, brûlant, violent. L'air irrespirable, je suffoquais, j'avais des hallucinations, j'entendais des bruits alors qu'il n'y avait rien, mon frère continuait d'avancer. Mon corps engourdi s'évanouit, la pluie et le grondement du tonnerre me réveillait, j'étais sur les épaules de mon frère sur le chemin du retour.

D'humeur aventurière, un jour d'été je me lançais dans une excursion périlleuse. Après avoir marché, grimper m'être faufilé dans la végétation en écartant les hautes herbes je vis un immense paysage au bord d'une falaise constituée de pierres et d'une végétation luxuriante. Mon corps usé par l'effort et le soleil qui me heurte, me fit signe de m'arrêter. Je m'assis sur un rocher dans le but de recouvrer mes forces, inversement cette action continuait de m'affaiblir, le rocher était chaud tels un chaudron, l'air étouffante comme la vapeur d'un volcan.

Mon esprit commençait à quitter mon corps engourdi, soudain une goutte d'eau fraiche vint s'abattre sur mon front et me sortit de cet état de sommeil. Je levais les yeux vers le ciel devenu obscur et j'aperçus un éclair déchirant les ténèbres.

Cette lumière aveuglante précédait le son effroyable du tonnerre, je compris qu'il s'agissait d'un orage, je me ressaisis, la sensation de l'eau de pluie, glacée me rappelais le mois de décembre. J'en remplis ma gourde, je me désaltérais puis partis en me rappelant de ce moment passer avec mon frère.

Mon quotidien, moi au sens physique et moral

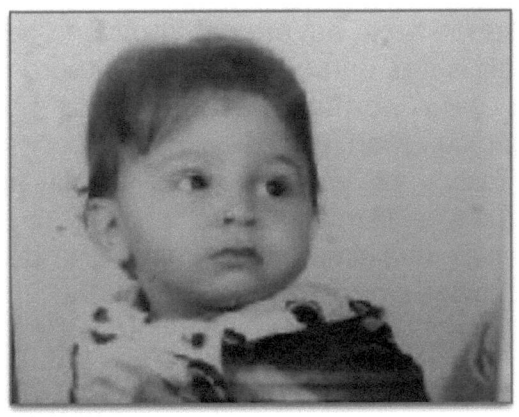

Je me présente, je suis BEJAOUI Ramzi, élève en DUT commerce. Issu d'un foyer modeste, je remercie mes proches pour tout ce qu'ils ont pu m'enseigner et me fournir, surtout mon père, oui mon père qui fut toujours présent pour moi et mes frères. Physiquement mes cheveux sont bouclées : mi- court, mi- long, je trouve que je suis plutôt mince et long, les gens eux pensent que je suis de corpulence normale.

Je me réveille tous les matins pour mon objectif qui est de rejoindre une école de commerce pour devenir chef de produit ou directeur marketing. Je pense être une personne très ouverte et motivée, selon les dires des personnes qui m'entourent je suis peu confiant et ceci me porte préjudice. Mon quotidien se divise entre les cours et les différents sports pour lesquels je m'implique de mon mieux, en résumer une existence simple, composer de choses simple, vécu simplement.

L'esprit frénétique

Cette nuit d'hiver, il faisait froid. Le vent soufflait dans tous les sens et les gens s'empressèrent de rentrer chez eux, délaissant le quartier, si animé en temps normal, j'étais moi aussi impatient de retrouver ma femme.
Je fis signe à un des derniers taxis, à bord je ne connaissais plus le nom des ruelles à emprunter, alors je lui indiquais tant bien que mal le chemin à suivre pour me conduire à domicile. Assis sur la banquette arrière je remarquais que ma chemise habituellement blanche comme neige virait au rouge écarlate, je ne comprenais pas et le chauffeur ne l'avait visiblement pas remarqué. Arrivé, je tendis au chauffeur un billet et claquais la porte. Le brave homme s'empressa de baisser la vitre pour me crier «Merci du pourboire»
puis il disparut dans le noir. Dans le bâtiment, je pris l'ascenseur en direction de 6 ème étage, il me donnait des frissons, j'avais peur, je ne savais pas pourquoi, au fond de moi lorsque j'entendis le retentissement qui annonçait l'arrivée au 6 ème étage, j'étais soulagé.

En plongeant la main dans ma poche, je m'aperçus de l'absence de mes clés, où sont-elles passées ?

Je croyais les avoir laissées dans la voiture, mais voyons je n'ai pas de voiture. J'ai alors pris mon sac, après l'avoir ouvert je vis mes clés à côtés d'un pistolet et d'un couteau taché de sang. J'étais effrayé, je tremblais, j'étais troublé, je pris les clés et j'ouvris la porte de l'appartement tout en prenant soin de refermer le sac. Sur la commode était posé le téléphone du domicile enregistrant un messages vocale « Madame Lebourd ! Madame Lebourd ! Ici l'hôpital psychiatrique, après avoir examiné votre mari et l'avoir garder quelques jour au sein de nos locaux.

Il s'avère malheureusement qu'il soit atteint de troubles sévère de la personnalité pouvant altérer son comportement et le rendre très agressif. Nous tenions à le garder avec nous pour une cure à durée indéterminée dont nous pensions vous tenir au courant, cependant il s'est échapper et erre dans la nature. Vous êtes en danger Madame mettez-vous en sécurité et recontacter nous». Sous le choc, je traversais le couloir en

prononçant à haute voix le nom de ma femme : «Marie ! Marie !».
Mais aucune réponse de sa part, franchissant la porte de notre chambre je la vis gisant sur le sol noyée dans son propre sang. Je m'accroupis la saisit en pleurs, sous le choc car j'étais le meurtrier.

Seul mon amour et mes restes épargnés par le temps

Avant de passer l'arme à gauche
Avant que la faux ne me fauche
Tel jour telle heure en telle année
Sans fric sans papier sans notaire
Je te laisse ici l'inventaire
De ce que j'ai mis de côté

L'élégante bague que je t'ai mise au doigt
Notre chat blanc à la carrure de roi
Ce grand jardin vert et luxuriant
Sur le divan mon portrait souriant

Un silence général animant notre maison
Cette tache agaçante sur mes chaussons
L'ombre de mes caprices et de ma bonne humeur
La cathédrale qui retentit à chaque heure

Ce testament que je te laisse dans le tiroir
Oui mes heures s'écoulent à vive allure
La pleine lune se reflétant dans notre miroir
Notre pauvre voisin couvert de brûlures

Sous le ciel étoilés toutes nos nuits de vacances
Ces moments de partage rapprochant nos cœurs et aiguisant nos sens
Ephémère est mon corps, éternel est mon esprit
Du haut des cieux mon amour n'a plus de prix

L'inventaire des choses

Choses qui me mettent en colère.

Les querelles du soir. Les transports en commun bondés aux heures de pointe. Une personne qui ne tient pas ses engagements. Le manque de temps freinant la réalisation de ses objectifs et de ses rêves.

Choses désolantes.

Un moulin à vent qui ne tourne pas. Un incendie au 9ème étage d'un immeuble. Un enfant portant des vêtements sales et usés. Ce lever de nuit pour se rendre au travail et rentrer de nuit.

Choses qui font battre le coeur.

Recevoir un plat chaud cuisiné par sa mère en hiver. S'endormir en sachant que demain un événement important attend. La montée d'adrénaline causée par la peur et le stress. Une femme élégante déambulant sur la route d'en face

<u>Mes faiblesses</u>.

Mon manque de confiance en moi. Mon excès de gentillesse et de générosité. Ma propension à changer rapidement d'opinion. Mon entêtement et le fait de ne pas abandonner quand il faut.

Fatouma

La plage

26 Août 2016 Côte d'Azur

Il était 14h56 quand je vis mes cinq sens déboussolés. J'en tremblais d'émotions, de sensation, de désir, d'envie, de souvenir. En marchant tout au long de la plage je sentis un parfum familier qui me rendit alors 10 ans en arrière.
Ce lieu m'était connu j'en étais certaine, le soleil qui brûle mes yeux, le sable torride qui me picotait. Le cri des mouettes qui me fit sursauter et surtout cette odeur, cette odeur d'abeille sucré, de cacao d'Afrique.
Ce lieu j'en ai rêvé j'en étais persuadé il y avait le marchand de glaces, la plage éclairée par les éclats du soleil, le bruit des enfants émerveillés par le bruit de la mer.
Je me souviens de ce lieu j'en ai rêvé tant de fois, je m'étais rendu pour la première fois à la plage, en Bretagne accompagnée de mes sandales, je partis à la découverte de mes sens, j'ai mangé une glace au chocolat de Madagascar, j'ai regardé l'horizon et le soleil se coucher.

26 août 2016 14h58 Côte d'Azur

Depuis cet instant précis, je fus marqué par l'odeur de ma glace qui a fini par fondre sur mes lèvres restés grande ouverte et lorsque je me suis réveillé de ce mirage tellement réel je repris le sens de ma vie.

26 août 2026 Côtes d'Azur

Ce lieu me hante, me fascine c'est un beau matin que pour la 2e fois je retournais sur cette plage. Elle n'était plus pareil le sable doré s'est terni, les mouettes criaient de désespoir. Je fus subjuguée par l'état des lieux. Il n'y avait plus d'enfants joyeux la mer grondait de colère. Le ciel était triste, maussade, Moreau. Je sentis la colère monter en moi mes paupières palpitaient mon cœur sortait de ma poitrine.
Tant de souvenir remis en cause est-ce moi qui suis changé ? Est-ce ce lieu, j'étais perdu, perdu dans ma mémoire amnésique troublée j'en voulais aux hommes cet endroit était comme abandonné. L'odeur était écœurante j'en ai le vertige.
Fatiguée désespérée je remis mes sandales et je courus aussi loin que je pouvais avant que mon souffle se coupe.

Un peu de moi

Je suis une fille, je mesure 1m80. Je suis étudiante en Dut TC, mon IUT est loin d'être prestigieux néanmoins je m'y sens bien j'y ai imposé mon style. Impulsif grincheux et un brun versatile je reste cependant bien élevée et très gentille. J'assouvis mes désirs en m'endorment sur un livre. Précédemment j'étais en STMG option Ressources Humaines et j'en garde pleins de souvenir.

Pour finir je suis un peu timide. Et pour ne point mentir je souffre d'un stress émotionnel ce qui explique la pénurie de mon inspiration.

Je suis Fatoum(a).

Loin des yeux…

Il est parti. Où ? dans son pays d'origine. Il m'a laissé ici toute seule comme abandonnée. Me laissant dévorer mon amertume. Mon cœur bat pourtant mon souffle est coupé il hante mes nuits et mes pensées. Je sais qu'il m'aime il me l'a toujours prouvé même sans dire un mot, il fait partie de moi . Lui qui m'a consolé lorsque ma tête se détachait de mon corps, lui qui m'a aimé comme personne d'autre, lui qui me guide lorsque je suis perdu, lui qui me rappelle mes souvenirs d'enfance. Lui qui est aujourd'hui à l'autre bout de la terre, si loin des yeux et très près du cœur, je reste forte. Chaleureux accueillant généreux c'est pour moi mon utopie ce beau pays ou j'ai fait mes toutes 1 ère nuits, le Mali.

Mon amour

Avant de passer l'arme à gauche.
Avant que la faune me fauche.
Tel jour, tel heure en tel année
Sans Fric sans papier sans notaire.
Je te laisser ici l'inventaire.
De ce que j'ai mis de côté.

Je te laisse le son de ma voix.
Je te laisse mon sourire qui ne sera jamais loin de toi.
Je te laisse mon pull couleur moutarde que tu aimais tant.
Je te laisse mon regard afin que tu puisses me voir les yeux fermés.

Je te laisse mes sous-vêtements pour que tu penses à moi souvent.
Je te laisse cette photo que tu aimais tant .
Je te laisse cette bague d'argent .
Au cas où tu serais rattrapé par l'amour et le temps.

Je te laisse mon amour éternel.
Mon cœur, mon âme lorsque je serais absente.
Je te laisse sur le lit mon empreinte pour que tu puisses sentir ma présence.

Enfin je te laisse ces quelques mots, écrits à la main et pensés avec le cœur.

L'inventaire des choses

Choses désolantes

Lisser mon tissage après une tempête.
Oublier mon portefeuille entre deux stations.
Prendre un café et oublier le sucre.
Le goût amer de la trahison.
Etre malade comme un chien et se rendre à l'école.
Trébucher sur un morceau de caillou et abimé ses nouvelles godasses.

Choses qui me touche

La naissance d'un nouveau né.
Les cris d'une mère heureuse.
Les baisés de mon bien aimé.
C'est beau d'être amoureuse.
La détermination qu'ont les plus faibles.
L'odeur de l'essence et le bruit de mes romances.

Choses qui m'enrage

Me lever tôt le matin.
Prendre la ligne 13.
Les gens qui klaxonnent pour rien.
Le bus qui s'en va lorsque je le rate.
Le bruit des pompiers.

Les sirènes des policiers.
La stupidité des émissions de télé-réalité.
Les débats mal menés de Juppé.
Les propos scandaleux de Trump.
L'injustice de certain.
L'opportunisme des autres.

Remerciement

Nous remercions notre professeur d'expression et de communication de nous avoir guidé et orienté tout au long de notre cheminement et de notre réalisation. Bien que difficilement, grâce à ses nombreux et précieux conseils nous avons réussi à mener à bien notre recueil. Nous remercions aussi la bibliothèque de l'IUT qui nous permettra peut-être d'exposer nos écrits au sein de l'IUT et d'être lu.

© 2017, Maissai El Mir ; Siham Charfaoui ; Fatouma Doumbia et Ramzi Bejaoui

Edition : BoD - Books on Demand
12/14 rond-point des Champs Elysées, 75008 Paris
Impression : Books on Demand GmbH, Norderstedt, Allemagne
ISBN : 9782322137107
Dépôt légal : janvier 2017